Weil du Geburtstag hast

Ein neues Jahr

Ein Jahr, das nicht verloren ist: Schwere Stunden, durch die du wächst, und glückliche Augenblicke, von denen du zehrst. Regentage, an denen du dich verkriechst, und Sonnentage, an denen du auftankst. Trauer, in der du loslassen lernst, und ein Lächeln, wenn du einen neuen Anfang wagst. Ein Jahr, das beginnt, und ein Jahr, das endet – dein neues Lebensjahr.

Vertrauen

Viele gute Begegnungen von Mensch zu Mensch: Ohne Vorurteile aufeinander zugehen und dabei Fremde als Freunde entdecken, Vertrauen erfahren und verschenken, Andersartigkeit als Bereicherung erleben, an den Wert jedes Menschen glauben und für diesen Wert eintreten, wo immer Menschen „entwertet" werden sollen.

Abenteuer

Ab und zu ein spannendes Abenteuer wagen: Eingefahrene Wege verlassen und unterwegs unbekanntes Land entdecken. Auf die gewohnten Bequemlichkeiten und Sicherheiten von Zeit zu Zeit verzichten können. Dich auf fremde Gewohnheiten einlassen und über die Vielfalt des Lebens staunen.

Gute Wünsche

Ein Strauß guter Wünsche für das neue Lebensjahr, so bunt wie dein Leben: Glück und Zufriedenheit, Freude und Heiterkeit, Liebe und Geborgenheit, Gesundheit und Wohlbefinden. Viele gute Wünsche für viele bunte Tage, für Neues und Bewährtes, Schweres und Leichtes, Alltägliches und Sonntägliches, Lautes und Leises, Großes und Kleines.

Zusammenhänge

Das Leben immer wieder aus einem anderen Blickwinkel betrachten: Nicht nur dem äußeren Anschein vertrauen, sondern hinter die Kulissen schauen und nach der Wahrheit suchen. Die innere Welt, die Heimat des Herzens, kennenlernen. Zusammenhänge erforschen und niemals nur die eine Seite sehen. Das Leben nicht nur betrachten und analysieren, sondern lieben.

Spielerisch

Das Leben spielerisch bewältigen: Dich selbst nicht zu wichtig nehmen. Deine Vorbehalte überwinden und dieses oder jenes einfach einmal ausprobieren. Über dich selbst lachen können, aber auch gemeinsam mit anderen lachen. Die Sorgen säuberlich verpacken und wegschließen. Etwas von der Freiheit und Unbefangenheit der Kinder wiedergewinnen.

Tiefe Freude

In jeder Situation etwas Positives erkennen:
Die neue Sehnsucht nach gelingendem Leben,
die dir in einer Krankheit begegnet. Der neue
Anfang, der nach einer Zeit der Trauer möglich
ist. Die Erkenntnis, dass jede Krise ein Ruf zum
Leben ist. Die Entdeckung tiefer Freude in einer
Phase der Enttäuschung. Dankbarkeit für jedes
Zeichen des Lebens.

Ich wünsche dir, dass du dir Zeit nimmst für die Dinge, die dir wirklich wichtig sind.

Willkommen

Ein Zuhause, das Wärme und Sicherheit schenkt: In aller Hektik ein Ort, an dem du zur Ruhe kommst. In aller Kälte ein Haus, das dich aufnimmt. In aller Einsamkeit ein Raum, in dem Gemeinschaft möglich ist. In aller Zerrissenheit ein Ort, an dem du weißt, wohin du gehörst. Bei aller Anonymität ein Zuhause, wo du erwartet wirst und willkommen bist.

In der Stille

Das Leben wieder leiser und langsamer lernen:
Zu dir selbst und deinen wahren Gefühlen finden.
Die wichtigen Fragen des Lebens stellen. In der
Stille nach Antworten suchen. Deiner Seele die
Möglichkeit geben, mit dir ins Gespräch zu kommen
und eins zu werden. Zeit finden für ein Gebet, für
das Durchatmen und Träumen – Zeit zum Leben.

Sehnsucht

Die ständige Unruhe und Anspannung loslassen: Deinen eigenen Wert neu entdecken, unabhängig von Arbeit, Wettbewerb und Erfolg. Zeit nicht als Ware oder Investition betrachten, sondern als Geschenk, das Leben möglich macht. Neue Seiten an dir kennenlernen und den lange unterdrückten Sehnsüchten Raum geben.

Neues Leben

Immer wieder einen neuen Anfang wagen: Die alten Zeiten nicht verklären. Die alten Erinnerungen loslassen, damit neue Erinnerungen entstehen können. Nichts wiederholen müssen. In jeder Lebensphase besondere Möglichkeiten finden und wahrnehmen. Ein Leben wagen, das von Liebe und Vertrauen geprägt ist.

Der Weg

Nicht den Weg der Mehrheit, sondern den eigenen Weg gehen. Im Vertrauen darauf, dass es ein guter Weg ist, auch wenn er anstrengend sein sollte und voller Hindernisse. In der Hoffnung auf Schutz und Bewahrung, Beistand und Ermutigung. Mit dem gesunden Selbstbewusstsein, für die Suche nach dem rechten Weg selbst verantwortlich zu sein.

Freundschaft

Kostbare Freundschaften, die dein Leben bereichern: Gemeinsame Freude und geteilte Trauer. Die Freiheit, dich so zu geben, wie du bist. Tiefe Gespräche – wenn es sein muss, bis spät in die Nacht. Kritik und Ermutigung, Offenheit und Wärme. Zeit füreinander, besonders dann, wenn Ihr euch braucht – und zwischendurch kleine Zeichen der Freundschaft.

Wahrer Reichtum

Ein Blick für die Schönheit dieser Welt, für Blumen und Gräser, Insekten und Vögel, Berge und Wälder, Seen und Flüsse. Für die Sonne am Himmel und abends den Mond und die Sterne. Und für die vielen Menschen, die diese Welt bereichern durch ihre Liebe und ihr Lachen, durch Wärme und Fürsorge und Aufrichtigkeit.

Im neuen Lebensjahr
die Sorgen säuberlich verpacken
und wegschließen.

Weitere Titel aus dieser Reihe:
Für dich, weil du nicht aufgeben darfst - ISBN 978-3-8407-0726-1
Für dich, weil du ganz besonders bist - ISBN 978-3-8407-0727-8
Für dich, weil es dir gut gehen soll - ISBN 978-3-8407-0728-5
Für dich, weil ich dir Glück wünsche - ISBN 978-3-8407-0729-2
Für dich, weil du gebraucht wirst - ISBN 978-3-8407-0730-8

© ALPHA EDITION GmbH & Co. KG · Wellseedamm 18 · 24145 Kiel · www.alpha-edition.com
Dieses Werk ist urheberrechtlich geschützt. Alle Rechte sind vorbehalten. Jegliche Vervielfältigung
oder Verwertung ohne vorherige schriftliche Genehmigung des Verlags ist untersagt.

Konzept & Gestaltung: ALPHA EDITION GmbH & Co. KG · Texte: Rainer Haak
Bildredaktion & Lektorat: ALPHA EDITION GmbH & Co. KG · Druck: Süddruck Neumann GmbH & Co. KG

Informationen über Bücher und Veranstaltungen von Rainer Haak erhalten Sie im Internet: www.rainerhaak.de